ÉDITION POPULAIRE A 10,000 EXEMPLAIRES.
. — Une tous les quinze jours.

CHANSON

AU DIX-NEUVIÈME SIÈCLE.

Recueil de Chansons populaires et contemporaines

De nos Chansonniers les plus renommés.

2ᵉ Livraison.

N. B. Toute contrefaçon sera rigoureusement poursuivie.

PARIS.

DURAND,

18, PETITE-RUE SAINT-PIERRE-AMELOT.

Dépôt principal chez Mᵐᵉ Vᵉ DELAVIGNE, Libraire,

Passage de l'Ancre.

Et chez tous les Libraires et Marchands de Nouveautés.

1846

Y

LA CHANSON

AU XIXᵉ SIÈCLE.

AUX CHANSONNIERS.

Air de la Fête des fous.
Ou le bon Vin, la franche gaité.

Chansonniers, à vous les plus doux sons,
Que la Muse
En instruisant amuse ;
Chansonniers, à vous les plus doux sons,
L'écho du lendemain redira vos chansons.

Penseurs, vous dont l'âme inquiète
S'exhale en un chant de poëte,
Et vous, qui passez vos loisirs
Dans les vastes champs des plaisirs,
Que pour tous notre porte s'ouvre,
Et qu'à vos yeux elle découvre
Un parterre aux mille couleurs,
Où la Muse en passant glanera quelques fleurs !
Chansonniers, etc.

2ᵉ VOL.

Loin des serpents de la Discorde,
Du luth faites vibrer la corde
Qui doit nous chanter tour à tour
L'amitié, la gloire et l'amour ;
Poètes, la tâche est aisée :
Comme une abondante rosée,
Que les refrains de vos chansons
Retombent sur le peuple en sublimes leçons !...
     Chansonniers, etc.

Monarques de l'intelligence,
Soyez fiers de votre puissance,
Dominez partout comme ici :
Votre lyre est un sceptre aussi,
Et, pour que jamais ne s'éteigne
Le vif éclat de votre règne,
Que l'honneur et la vérité
Soient les deux courtisans de votre royauté.
     Chansonniers, etc.

Muses, l'atelier vous appelle ;
Le soir, votre voix fraternelle
Inspire au peuple travailleur
L'espoir d'un lendemain meilleur.
Ah ! qu'il préfère votre aumône
A l'obole tombant du trône ;
Un refrain qui guide son bras
Vaut bien pour l'ouvrier l'or que vous n'avez pas.
     Chansonniers, etc.

Si la France dort et s'énerve,
Pour l'éveiller, que votre verve
Soit un reflet harmonieux
Du feu sacré de vos aïeux...
Peut-être un jour, noble phalange,
Verrez-vous, sous les traits d'un ange
Qui vient pour vous encourager,
Passez en souriant l'ombre de Béranger !

Chansonniers, etc.   Victor DRAPPIER.

LA COLONNE DE JUILLET,

ODE PATRIOTIQUE.

Air : Debout, fils de Minos.
Ou Salut, trône d'airain.

Salut, vierge d'airain, chef-d'œuvre de nos droits,
Grande image du peuple et maîtresse des rois !

Salut, ô monument sublime !
Salut, ô reine des martyrs !
Salut, ô vous, chaque victime !
Salut, glorieux souvenirs !
Salut, ô grand soleil qui brille !
Salut, grande vierge de deuil !
Salut, reliques du cercueil !
Salut, bronze de la Bastille !
     Salut, etc.

Salut, héroïque colonne !
Salut, grand tombeau des tombeaux !
Ton chapiteau, c'est la couronne,
Dont chaque fleur est un héros !
Un jour, las de la tyrannie,
Pour tous les rois qui te verront,
Le peuple a placé sur ton front,
De la Liberté le Génie !   Salut, etc.

Grande femme des trois journées,
Dont le doigt guidait nos tambours,
Toi qui règles nos destinées,
Toi qui réveilles nos faubourgs,
Idole à l'âme bien placée,
Exécutrice des décrets,
Il faut une épouse au progrès,
Vierge, fais-toi sa fiancée ! Salut, etc.

Dis aux rois qu'ils craignent nos armes,
Fais-nous grands à leurs yeux surpris ;
Dis leur qu'au canon des alarmes,
Se réveilleront nos esprits ;
Dis leur, noble et belle déesse,
Qu'un jour ton peuple osa parler,
Et que ton bronze a fait trembler
Tous les oppresseurs de Lutèce !

    Salut, etc.

A toi les palmes les plus belles,
Tes vieux morts se réveilleront ;
A ta couronne d'immortelles
Tous tes enfants travailleront.
Vierge au courage populaire,
Le cœur blessé, le bras sanglant,
Ton peuple, sur un marbre blanc,
Grave ta page héréditaire ! Salut, etc.

Alexandre PISTER.

A MON ÉTOILE.

Air : Il faut avoir perdu l'esprit.

Belle étoile que chaque soir
Je contemple de ma croisée,
Jusqu'à l'heure de la rosée
Je reste souvent pour te voir ;
Mais bientôt l'aurore nouvelle
Par son retour te fait pâlir.

Brille, brille, étoile fidèle,
Ma tâche est encore à remplir.

Lorsque dans un ciel orageux
Un épais nuage te couvre,
Je le bénis lorsqu'il s'entrouvre

Car tu reparais à mes yeux ;
Et je dis : dois-je aussi comme elle
Disparaître pour revenir.
Brille, brille, etc.

Reviens, quand le jour aura fui,
Guider mes pas sur cette terre,
De ta région planétaire,
Sois mon égide, mon appui,
Conduis ma plume trop rebelle
Je veux faire un chant d'avenir.

Brille, brille, etc.

Et, par des travaux fructueux,
Fais-moi connaître un peu d'aisance,
Afin que par la bienfaisance
Je fasse aussi quelques heureux ;
Secourir est chose si belle,
Et laisse un bien doux souvenir !

Brille, brille, etc.

Quand sur moi le poids des hivers
Aura stygmatisé sa trace,
Conserve en mon cœur une place
Pour mes souvenirs les plus chers ;
Puissé-je auprès de mon Adèle
Tomber sans avoir cru vieillir.

Brille, brille, etc.   Eugène Guémied.

CONCLUSION LYRIQUE.

Air de Notre-Dame-du-Mont-Carmel.

Plus le progrès à ses lois nous rallie,
Moins la gaîté semble être de saison,
On craint, dès lors, qu'un beau jour la folie
Ne cède en nous le pas à la raison ;
Pourquoi chercher un purisme futile ?
Faisons nos vers en joyeux routiniers,
A quelque chose un auteur est utile :
La France aura toujours des chansonniers.

Un chant joyeux rend moins longue la veille
Du mercenaire au travail exploité,
Sa voix résonne et son âme s'éveille,
En l'autre monde il se croit transporté ;
Les malheureux s'en sont fait un rosaire
Qui chasse au loin l'ennui de leurs greniers ;
Les gais refrains combattent la misère :
La France aura toujours des chansonniers.

Un chant de guerre excite, au jour d'orage,
Le preux vengeur de nos droits envahis ;
Un chant de gloire illustre son courage,
En même temps qu'il flatte le pays.
Déjà nos vers ont dépeint trop d'histoires,

LA CHANSON

Pour que le sort ait fait d'eux les derniers,
Notre avenir garde encor des victoires :
La France aura toujours des chansonniers.

Un chant critique effleure et stygmatise
Le suzerain qui nous jette un mépris,
Le peuple ainsi raille au moins la sottise
D'un parvenu qui le vole à tous prix.
Arme nouvelle, un couplet est la fronde
Qui frappe un grand, riche de nos deniers,
Où croît l'abus, la satire le fronde :
La France aura toujours des chansonniers.

Un chant d'espoir est l'innocent prélude
Du jeune auteur déployant ses agrès,
L'instruction, que jamais on n'élude,
Ouvre à chacun le sentier du progrès.
Nous parviendrons, c'est en vain qu'on le nie
Car en dépit d'envieux chicaniers,
Les travailleurs ont compris le génie :
La France aura toujours des chansonniers.

Un chant nous sert en mainte circonstance,
Le vin, l'amour ont fait chérir les leurs ;
En plus d'un cas, dans notre humble existence,
Un chant aimé calme bien des douleurs ;
A des concerts l'amitié nous convie,

Quand les plaisirs nous servent d'aumôniers
Par des refrains on résume la vie :
La France aura toujours des chansonniers.

Hippolyte DEMANET.

LE GRAND-PAPA.

Air : Vli, vlan, taisez-vous

Enfant, dis moi, pourquoi toujours
Accuser le temps de paresse ?
Comme rien tu comptes ces jours
Qui donnent le plus d'allégresse.
Pourquoi dire à chaque moment :
Bon papa, quand serai-je grand ?
    Enfant, ça viendra !
Trop tôt passera ta jeunesse !
    Enfant, ça viendra !
Grâce au temps, tout s'accomplira !

Les ordres de ton professeur
Te font sauter comme un salpêtre,
Pour éviter le sermonneur,
Je t'ai vu franchir la fenêtre ;
Tu disais : Dois-je sans retour
Habiter ce triste séjour ?
    Enfant, ça viendra !
Mais on ne change que de maître !
    Enfant, ça viendra !
Grâce au temps, tout s'accomplira !

Pour deviner, je m'en souviens,
Cet avenir qui nous désole,
Tous mes jeux étaient des moyens
Pour interroger mon idole ;
Comme toi, je disais souvent :
Quand finira le rudiment ?
     Enfant, ça viendra !
Plus tard, j'ai regretté l'école !
     Enfant, ça viendra !
Grâce au temps, tout s'accomplira !

Je t'ai surpris, petit moqueur,
Toi, qui de tes désirs m'assiége,
Me singeant, lorsque de ta sœur
Le bras me guide et me protége ;
Tes cheveux bouclés avec art,
Trahissaient l'âge du vieillard.
     Enfant, ça viendra !
Ton front se couvrira de neige !
     Enfant, ça viendra !
Grâce au temps, tout s'accomplira !

Toujours, en jouant au soldat,
Ton ambition est avide,
Le papillon cherche l'éclat,
Sans prévoir qu'il vole au suicide.
Les honneurs séduisent tes yeux,
Mais, veux-tu toujours être heureux ?

Enfant, ça viendra !
Si tu choisis l'honneur pour guide !
Enfant, ça viendra !
Grâce au temps, tout s'accomplira !

A ton âge on voit tout en beau,
On est bien riche d'espérance,
La vie est un divin flambeau
Dont la flamme est à sa naissance :
Mais au mien, peut-on sans regrets
Aller bien loin dans ses projets ?
Enfant, ça viendra !
Tu n'auras que ma souvenance !
Enfant, ça viendra !
Grâce au temps, tout s'accomplira !

H. Le Boullenger.

LES RIDEAUX.

Air du Papillon azuré. (*Alexis Dalès.*)
Ou : Allez vous-en voir si j'y suis. (*Loinel.*)

De la mansarde où je vivotte
On voit dans vos appartements ;
Et bien souvent, belle Javotte,
J'ai ri de vos riches amants.
Mais, voir étouffer la morale

Sous les présents de vingt rivaux,
Maintenant me semble un scandale :
Javotte, tirez vos rideaux.

Seul, et m'amusant de vos fautes,
J'en dessinais les gais portraits ;
Mais j'ai chez moi de nouveaux hôtes,
Lise y vient loger ses attraits.
Ma Lisette est encor timide
A des jeux pour elle nouveaux,
L'exemple peut rendre intrépide :
     Javotte, tirez vos rideaux.

Plus riche, j'eusse à la fenêtre,
D'où Lise lorgne vos ébats,
Mis un voile ; mais, le bien-être,
Peu de rimeurs l'ont ici-bas.
De mon âtre employant la suie,
Vingt fois j'ai terni les vitreaux,
Mais Lise toujours les essuie :
     Javotte, tirez vos rideaux.

Le grand air plaît à ma maîtresse,
Dans ce grenier où notre amour
N'a, pour témoin de chaque ivresse ;
Que le soleil quand naît le jour.
La misère et son reflet sombre

S'éclipse sous des feux si beaux,
Vos plaisirs n'ont jamais trop d'ombre :
Javotte, tirez vos rideaux.

Lisette, sans être envieuse,
Par vous trouve son sort obscur ;
En vain une fleur gracieuse
Par fois étoile son front pur.
Les tissus de votre toilette,
Parés d'étincelants joyaux,
La font soupirer en cachette :
Javotte, tirez vos rideaux.

Si près de votre clientèle,
Couverte d'étoffes de prix,
Je puis inspirer à ma belle,
La pitié qui mène au mépris.
Malgré soi, toujours on accorde
Trop d'estime aux brillants manteaux,
Mon habit montre un peu la corde :
Javotte, tirez vos rideaux.

De myrthe et de roses parées,
Sans voir l'écueil sur son chemin,
Ma jeunesse folle enivrée,
Crut à l'amour du lendemain.
Mais l'expérience à ce rêve

Opposa de sombres tableaux,
Et toute femme est fille d'Ève....
Javotte, tirez vos rideaux.

Édouard HACHIN.

LE PRINTEMPS.

Air : Bons villageois, séparons-nous. (Blondel,)

Gais villageois, ralliez-vous
    Dans la prairie
    Verte et jolie ;
Gais villageois, ralliez-vous,
Pour vous naissent des jours plus doux.

Zéphir a chassé les frimats,
Et toujours, à sa voix fidèle,
La vive et craintive hirondelle
Revient habiter vos climats.

    Gais villageois, etc.

Loin des palais et des châteaux
Où règnent l'ennui, la paresse,
Livrez-vous tous à l'allégresse,
Phœbus redore vos coteaux.

    Gais villageois, etc.

Au souffle d'un vent caressant
Vos prés et vos monts reverdissent,
Et vos gentils troupeaux bondissent
Au loin sur le gazon naissant.

    Gais villageois, etc.

Le matin, le chantre des bois
Fait entendre son doux langage,
Aux plaisirs sa voix vous engage :
En avant, flûtes et hautbois.

    Gais villageois, etc.

Allons, gais enfants du hameau,
Reprenez vos danses légères :
Près de vos aimables bergères,
L'amour vous attend sous l'ormeau.

    Gais villageois, etc.

        DURAND (Louis-Charles).

LA JARRETIÈRE.

ÉNIGME.

Air nouveau de M. Victor LEBOUR.

Vous me narguez, implacable Constance,
Pour un seul mot que je n'ai pu trouver,
A votre tour vous perdrez patience,
Je vous le jure et tiens à le prouver :

Mon tout, c'est un objet qui s'allonge, se tire,
Tire, tire, tire, la, la,
Vous le savez, mais vous n'osez le dire,
Vous connaissez ce petit objet-là,
la, la.

Cet instrument, d'utilité première,
Se rétrécit lorsqu'il ne fait plus rien ;
Il sied surtout à la jeune rosière,
A toute femme, enfin, il va fort bien :
Dès qu'on y touche, il s'allonge, se tire,
Tire, tire, tire, la, la, etc.

Encore un mot pour éclaircir l'affaire :
Cet instrument sort des mains des amours,
On ne le voit qu'au milieu du mystère
Et vous, dit-on, le voyez tous les jours ;
Entre vos mains avec grâce il se tire,
Tire, tire, tire, la, la, etc.

Pourquoi rougir et me jeter la pierre,
Je vais d'un mot vous tirer d'embarras :
Cet instrument, c'est votre jarretière,
Tous les matins ne la voyez-vous pas.
Mon tout, c'est donc un objet qui se tire,
Tire, tire, tire, la, la,
Vous le saviez, mais vous n'osiez le dire,
Vous connaissez ce petit objet-là, la, la.

Philippe de Montesson.

Imp SOUPE, passage du Ponceau, 18 et 20.

LE TAMBOUR ET LA CUISINIÈRE,

ou

UNE SCÈNE DE CUISINE.

Air : Ça va bon train ,
ou : Finissez donc , vieux scélérat.

Ah ! qu' c'est bête à vous de m' surprendre !
Aujourd'hui vous n' deviez pas m' voir.
Ces homm's, je n' peux plus les comprendre ;
Qu'on vienne à vous apercevoir
Qu'ira-t-on de moi concevoir ?
Monsieur ne cherch' qu'à s' satisfaire,
On a beau lui fixer des jours :
Y n's'occup', quoi ! que d' son affaire !
  Y va toujours (*ter*).

Paç' que je n' suis qu'un' pauvr' servante
On croit que j' n'ai pas d'honnêt'té.
Je suis vertueuse et j' m'en vante ;
A des jeun's gens pétris d' beauté,
Tout près d'un mois j'ai résisté.
Mossieu, qui croit ma chut' certaine ,
Veut triompher dans ses amours ;
Sans m' laisser au moins la huitaine,
  Y va toujours (*ter*).

Vous avez faim , v'là ma réserve ,
Un' cuiss' de dinde, un peu d' bouillon,
V'là du vin , faut-y que j' vous serve ?

2

Prenez vous-même, ah! qué brouillon!
'' qu'il a pris, c'est l' vin d' Roussillon.
ι d' bell's chos's, y faut que j' m'apprête.
Est-c' tapageurs, ces gueux d' tambours!
ï n' ménag' pas ce qu'on lui prête,
     Y va toujours *(ter)*.

Voyez comm' peu d' chos' l'enlumine :
Dit's donc, c' que ça n' va pas cesser ?
Vous avez beau me fair' la mine
J' n'entends point qu'on vienn'm'embrasser,
Allez-vous, sapristi, m' laisser !...
Je n' vois pas d' respect qui l' maintienne...
On peut nous voir des alentours,
Par qué bout faut-y donc qu' je l' tienne,
     Y va toujours *(ter)*.

Il a gâté tout' ma coll'rette,
Lâchez-moi, voici l'heur' du r'pas;
Vous m' fait's tomber sur la chauff'rette,
Quèqu'un accourt, j'entends des pas...
Holà! finissez. je n' veux pas !...
L'enragé, qu'est-c' qu'il a dans l' ventre!
Y n' va pas chercher tant d' détours :
J'ai beau lui dir' que Mossieu rentre,
     Y va toujours *(ter)*.

Voyez un peu ma rob' de laine
Est-ell' faite, oh! l' méchant vaurien !
Dans l' dos d'épinards je suis pleine,

Allons, c'est tout, grand faubourien,
Je n' veux plus qu'on r'commence rien ;
Mais j' crois, vrai ! qui veut se l' permettre:
J' suis à c't' heure au courant d'ses tours,
Il est comme l' fils de not' maître ,
    Y va toujours (*ter*).

              Hippolyte DEMANET.

LA MENDIANTE.

Air : Je préfère la Marseillaise.
ou : Bonsoir, adieu, mes petits anges.

Une femme aux traits inconnus
Sanglotte et tremble dans la foule,
Les vents meurtrissent ses bras nus,
La noblesse à ses pieds la foule ;
Jeune et belle, nous l'aimions tous,
Vieille, les ans l'ont enlaidie ;
Fiers passants, donnez quelques sous
A la Liberté qui mendie !

Les peuples , sous un joug de plomb,
Vivants, descendaient dans la tombe,
La Liberté, puissant aiglon,
Fond sur le vampire qui tombe ;
De son œil qui s'ouvre en courroux
Un rayon produit l'incendie....
Fiers passants , etc.....

Celle qui souffre sans secours,
Dont nos cœurs étaient idolâtres,
En naissant, dans le sein des cours
Improvisa de grands théâtres;
Puis elle fit jouer pour nous
Une sublime tragédie. Fiers passants,etc.

Sur le trône en débris des rois
Elle s'assit fraîche de gloire,
Et fit resplendir de nos droits
Tous les feuillets de notre histoire;
Deux mondes pliant les genoux,
Même vainqueurs, l'ont applaudie;
Fiers passants, etc.

Napoléon, ce fils géant,
La renferme un jour dans son aire,
Il meurt, et bientôt du néant
Elle sort d'un coup de tonnerre;
Trois jours, elle éveille aux deux bouts
L'Europe, quinze ans engourdie;
Fiers passants, etc.

Elle était jeune et belle encor
Par son long deuil même embellie,
Au contact d'une chaîne d'or
Sa robe n'était point salie;
Chacun respectait parmi vous
La fleur dans le sang reverdie.
Fiers passants, etc.

Aujourd'hui, mourante, en haillons,
Vieille, elle implore des ilotes,
Sa royauté, nous la souillons;
Place aux Judas Iscariotes!...
Allons, qui veut planter les clous,
Voici la croix qu'on lui dédie....
Fiers passants, donnez quelques sous
A la Liberté qui mendie.　　　　V. D.

LES JOLIS YEUX.

Air : Des Hirondelles (de *Clodomir*).

Marie, inconstante maîtresse,
Si je fus ton heureux vainqueur,
Longtemps d'amour et de tendresse
Pour toi sut palpiter mon cœur.
Au sein d'un amoureux délire,
Je me croyais l'égal des dieux,
Car chaque jour j'aimais à lire
Mon bonheur dans tes jolis yeux.

Rappelle-toi ces jours de fête,
Au temps heureux de nos amours,
Dans maint aimable tête-à-tête
On jurait de s'aimer toujours.
L'amour qui remplissait notre âme,
Par son pouvoir mystérieux,
Savait de sa divine flamme,
Se peindre dans tes jolis yeux.

Si quelquefois j'oubliais l'heure
D'un de nos joyeux rendez-vous,
En arrivant dans ta demeure
Je voyais ton œil en couroux ;
Mais un baiser qui toujours touche
Calmait ce regard furieux ;
Le reproche était dans ta bouche
Le pardon dans tes jolis yeux.

Tu fus bonne, sensible et belle,
Tu me charmas par tes appas ;
Depuis que tu fus infidèle,
Que je te vois changer, hélas !
Ton teint fleuri se décolore,
Tu n'as plus cet air gracieux.
Que je voudrais revoir encore
L'amour qui brillait dans tes yeux !

Subissant encor ton empire,
Souvent mon cœur est agité ;
Pour toi ce pauvre cœur soupire.
Malgré ton infidélité.
Le feu mal éteint qu'il recelle
Peut se rallumer radieux :
Il ne faudrait qu'une étincelle
Qui partît de tes jolis yeux.

Louis-Charles DURAND.

PHYSIOLOGIE DU CHANSONNIER.

Air de Mimi Pinson (de *Frédéric Bérat*).

Chacun de nous a sa manie,
Et la mienne est de rimailler,
Or, sans science et sans génie,
Je vais peindre le chansonnier :
Sa verve excite le délire,
Elle enfante des nourrissons,
    J'ose le dire ;
Que de fleurs orneront la lyre
Du joyeux faiseur de chansons.

Par une plaintive élégie
Il attendrit les jeunes cœurs.
Par un chant d'ivresse et d'orgie
Il rajeunit les vieux buveurs.
Enfin par les chants il abrége
Les mauvais jours que nous passons,
    Dieu le protège !
Il sème des fleurs dans la neige,
Le joyeux faiseur de chansons.

Point de titre qui paralyse
Sa voix à l'aube d'un grand jour ;
Ce n'est que dans les yeux de Lise
Qu'il épelle le mot : amour.

Il ne sait ni thême ni thèse,
Mais Lise, pour d'autres leçons,
   Ne vous déplaise,
Démontre la langue française
Au joyeux faiseur de chansons.

Il prend la liberté pour guide,
Au progrès il semble l'unir,
Puis s'élance d'un vol rapide
Vers les plaines de l'avenir !
Son vers frappe au cœur l'ignorance,
Il éclaire ses nourrissons,
   Douce espérance !
Du soleil de l'indépendance,
Le joyeux faiseur de chansons.

Doux est le baiser qu'il échange
Sous un parfum de pureté.
Il aime une femme au cœur d'ange
Et la riante volupté.
Que ce soit Suzon, Lise ou Rose,
Sur la paille ou dans les buissons,
   S'il se repose,
Il s'endort auprès d'une rose,
Le joyeux faiseur de chansons.

Quatre-vingt-douze ! jours des fêtes !
Où tous ont dit : nous marcherons !
Pour forger sabres, baïonnettes,
La France avait des forgerons ;

Mais la Marseillaise est l'enclume
Qui rend les plus glorieux sons,
Le feu s'allume !
Qui l'alluma ? ce fut la plume
Du joyeux faiseur de chansons.

Il renverse, il soulage, il aime,
Les caves sont ses arsenaux ;
Bacchus lui donne le baptême
Et la Vérité ses pinceaux.
On pose, à son heure dernière,
Sur le vernis des écussons,
Et sans prière,
La noble couronne de lierre
Au joyeux faiseur de chansons.

Alexandre PISTER.

PARLONS D'AUTRE CHOSE.

Air : La bonne aventure au guè.

De chanter j'ai le projet,
Chez moi c'est manie.
Mais il est certain sujet
Que l'on me dénie,
Bah ! risquons-rous tout-à-fait,
La porte est bien close,
Oui, mais au-dedans, qui sait ?
Parlons d'autre chose.

Les murs, dit-on, sous Denis,
　　Avaient des oreilles,
Mais les échos réunis
　　Font ici merveilles.
D'un simple bouton, là-bas,
　　On fait une rose.
Je n'aime point causer bas,
　　Parlons d'autre chose.

Que notre Charte ait proscrit
　　Ou non la censure,
On viole cet écrit,
　　Sans frein ni mesure.
Conterais-je certains tours ?
　　Sur ma foi, je n'ose ;
On censure les discours !
　　Parlons d'autre chose.

Je souffre sur ce côté,
　　Dit un bon apôtre,
Eh, repart la Faculté :
　　Tournez-vous de l'autre.
Le peuple est loin d'être heureux,
　　Disons-lui pour cause :
Retourne-toi si tu veux,
　　Parlons d'autre chose.

Qu'on exalte un magistrat,
　　Ou qu'on le bafoue,
Que le charriot de l'état
　　Roule dans la boue ;

Trop fronder, c'est un délit,
    Prison n'est pas rose,
J'aime à coucher dans mon lit ;
    Parlons d'autre chose.

Faut mourir, dit un cafard
    Qu'on nomme trappiste,
De ce propos de frocart,
    Bien sot qui s'attriste.
Si la Parque au doigt subtil
    De nos jours dispose,
Gaîment suivons-en le fil ;
    Parlons d'autre chose.

Numa MERCIER.

LES CHANTS DE L'ATELIER.

Air du Carnaval (de Béranger).

Le jour paraît et la forge s'allume ;
Gais au travail, forgerons et limeurs ,
Que nos chansons et le bruit de l'enclume
De ce quartier réveillent les dormeurs !
Le fer brûlant que l'acier ronge ou taille
Au goût des arts va bientôt se plier.
Sous nos efforts, tombez, fine limaille,
Au bruit joyeux des chants de l'atelier.

Du pauvre toit une lyre sonore
Chasse, en vibrant, cet ennui passager :
Disons les vers que notre France adore,
Chantons en chœur Debreaux et Béranger.
Eux comme nous s'endormaient sur la paille
Atteints des maux qu'il nous font oublier ;
Sous nos efforts, tombez, fine limaille,
Au bruit joyeux des chants de l'atelier.

De sa gaîté colorant notre histoire,
Ici Debreaux fait à nos vieux soldats
Choyer l'amour, ou quitter après boire
Les doux plaisirs pour les rudes combats.
Devant les coups de l'ardente mitraille,
On croit encor les voir se rallier.
Sous nos efforts, tombez, fine limaille,
Au bruit joyeux des chants de l'atelier.

Les sots titrés, aux yeux pleins d'ironie,
Du travailleur respectent la fierté,
Quand Béranger des fleurs de son génie
De notre habit pare l'humilité.
D'un chambellan, roi de la valetaille,
La chaîne d'or n'est plus rien qu'un collier.
Sous nos efforts, tombez, fine limaille,
Au bruit joyeux des chants de l'atelier.

Mais l'un de nous, luron à large face,
Gagne la soif en chantant le Médoc ;

Il va d'un bond au cabaret d'en face,
Et triomphant rapporte un large broc.
Le petit vin sent un peu la futaille;
Mais à crédit nous savons l'oublier....
Pour notre écot, tombez, fine limaille,
Au bruit joyeux des chants de l'atelier.

Edouard HACHIN.

LA ROUTE DE MONTRETOUT.

Air : Les Anguilles , etc.
ou du Cabaret des trois lurons.

Il est une certaine route
Dans un voisin département ,
Où, parfois sans que l'on s'en doute,
Se commet maint écartement.
Aux environs on la renomme,
On en parle jusqu'en Poitou,
Enfin, s'il faut que je la nomme,
C'est la route de Montretout.

Sur cette route Pierre et Jeanne
Se voyaient, dit-on, fort souvent.
Elle, cheminait sur son âne,
Lui, trottait les cheveux au vent ;
Pour descendre de sur sa bête
Pierre offrait ses bras et son cou,
Jeanne l'attrapait par la tête
Sur la route de Montretout.

Mais un beau jour sur sa monture,
Jeanne, à Pierre en train de rêver ,
Fut victime d'une aventure :.
Son panier vint à se crever,

Les deux jambes de la pauvrette
Passèrent au travers du trou ;
Il vit les f.....ormes de Jeannette
Sur la route de Montretout.

Jeannette appela vite à l'aide,
Pierre, on le pense, vint soudain ;
Mais, il n'était de prompt remède,
S'il n'y pouvait porter la main.
Dans cette manœuvre un peu leste,
Pierre éprouvait un avant-goût,
Pour tout ce qu'il voyait de reste
Sur la route de Montretout.

Pouvait-elle aller en arrière
Après ce fatal accident,
Devait-elle faire la fière,
C'eût été pour elle imprudent;
A certaine place cachée
Jeannette avait un rude « Atout »
Il pansa sa jambe écorchée
Sur la route de Montretout.

Toute peine vaut un salaire ;
Jeanne était fille sans façon,
Le chemin était solitaire
Et Pierre était un beau garçon ;
Il lui fut donc permis par Jeanne,

D'oser et d'entreprendre tout ;
Puis il la monta sur son âne
Sur la route de Montretout.

Depuis ce coup si mémorable,
Pierre et Jeannette, chaque jour,
Trouvent la route favorable
Au mystère de leur amour.
Maître aujourd'hui d'une charette
Pierre, par jour, fait coup sur coup,
Six voyages avec Jeannette,
Sur la route de Montretout.

Eug. Guémied.

Imp. SOUPE, passage du Ponceau, 18 et 20.

CAMARADES, BUVONS!

Air de l'Automne de la vie.

Habitants de la machine
Qui roule et tourne toujours,
Peuple de France ou de Chine,
Gens minces, gros, longs et courts,
Vous, qui, sur mer et sur terre,
Dans le bruit ou le mystère
Cherchez le bonheur en vain !
Mortels, pour le trouver *(bis)* cherchons-le dans le vin.
    La détresse
    Dans l'ivresse
    Quitte ses haillons,
Pour que le bonheur paraisse,
Buvons, buvons, camarades, buvons! *(bis)*.

Vous, que tout pouvoir opprime,
Sujets, plus ou moins soumis,
Vous, à qui l'on fait un crime
De trop aimer vos amis,
Écrivains, que l'on censure,
Artisans, que l'on pressure
Et que l'on berne toujours,
Vous, à qui l'on promet *(bis)* sans cesse d'heureux jours,
    Par Grégoire !
    Pour bien croire,

3

Qu'heureux nous serons....
Jusqu'à plus soif il faut boire.
Buvons, etc.

Enfants du céleste Empire,
Mortels plus ou moins chinois,
L'Anglais contre vous conspire
Et vous nargue en vrai sournois.
Bâtissez puisqu'il vous raille
De créneaux une muraille,
Pour vivre plus en repos ;
En dépit des pamphlets *(bis)* et des malins propos.
Ces bastilles,
Si gentilles !...
Avec leurs canons,
Pour vous sont autant d'étrilles.
Buvons, etc.

Chauds partisans de la guerre,
Vous, trop belliqueux esprits,
Vous ne vous accordez guère
Avec la paix à tous prix.
Sur notre beau territoire
Les lauriers de la victoire
Ne croissent plus sur vos pas.
Les lauriers d'autrefois *(bis)* ne reviendront-ils pas.
Dans l'attente,
Qui vous tente
D'en voir les bourgeons ;
A la cordiale entente, Buvons, etc.

Dans ce siècle où tout progresse,
Nous, gueux ! nous reconnaissons
Que la rapine s'engraisse,
Tandis que nous maigrissons...
A défaut de nourriture,
D'un cran serrons la ceinture
Le blé manque à nos besoins !
Quand le pain est trop cher, *(bis)* tâchons d'en manger moins.
En échange,
La vendange
Remplit nos flacons,
Que la faim en soif se change !

Buvons, etc.

Écrivains de toute espèce,
Faiseurs de prose et de vers,
En vain, vous frondez sans cesse
La sottise et les travers,
Quel malaise vous tourmente?
Chacun de vous se lamente
Et rêve au sombre manoir,
Et sur du papier blanc *(bis)* vous peignez tout en noir !
Front morose,
Indispose
Nos gais biberons...
Afin de voir tout en rose.

Buvons, etc.   Auguste ALAIS.

A BAS L' GUEULARD!

Air : Finissez donc, vieux scélérat.

Sachez que j' nai pas l'habitude
De bâiller quand j' veux m'amuser.
Si ça vous semble un peu trop rude,
Messieurs, vous pouvez en jaser,
Pour moi j' n'ai rien à vous r'fuser.
Quand faut qu' j'avale qué'qu' chos' de bête,
    J'empoign' ma femme et mon rifflard,
    Et j' file en criant à tû'-têtc :
        A bas l' gueulard !   (*4 fois*)

Un coquin qui d'puis qu'qué'temps m'lorgne
    Un soir que je n' l'attendais pas,
M'rencontr' et m'dit : faut que j' t'éborgne,
    Tout en faisant ses embarras,
    Y n' m'approchait qu'à vingt-cinq pas.
    — Tais-toi donc, râcleur de gouttières,
    Ne fais pas ton malin d'hasard,
    T'as peur qu'on n' te taill' des croupières,
        A bas l' gueulard !

Mon n'veu ferré sur la morale,
M' disait gn'y a pas encor longtemps,
J' croyais ma femme un' vrai' vestale,
Pas du tout, c' matin j' la surprends,

Faisant l'exercice en douz' temps !...
—C' malheur-là t'met au nombr'des nôtres,
Mon vieux, faut bien qu' t'en ai's ta part,
Comment , tu t'plains d'êtr' comm' tant d'autres ;
    A bas l' gueulard !

Un conscrit, à sa premièr' danse
Rencontre un boulet isolé ,
Qui l' coupe en deux, merci d' la chance!
V'là mon gaillard bien désolé
De s' voir si bêt'ment décollé.
Un vieux troupier des plus valides ,
Cria : — Va-t-il s'tair', l' braillard !
Il vient d' gagner ses Invalides.
    A bas l' gueulard !

Saint-Laurent, s'lon l'histoire ancienne,
Ne voulant pas manquer d' respect,
A notr' vieill' religion chrétienne,
On le condamna comme suspect
A s' voir traiter comme un beefteck.
Son cuisinier, qui mieux qu' personne
Entendait beugler notre jobard,
Disait : de quoi ! j' crois qu'y raisonne,
    A bas l' gueulard !

Un dimanch' que l' jus d' la futaille
M'avait crân'ment tapé l' cerveau,
J'm'en allais comme un' franch'canaille,
Chantant les r'frains du vieux Caveau,

Sans pouvoir trouver mon niveau.
Un autre ivrogn' vient me chanter pouille,
J' lui dis : — Va donc t' baigner, soulard,
C'est-y toi qui pai' quand j' me mouille ;
    A bas l' gueulard !

La morale a fait banqueroute
A ce tiroir un peu scabreux,
Vous m'excus'rez si sur ma route
J' n'ai pas voulu j'ter d' poudre aux yeux
De gens qui n'demand'raient pas mieux.
Si mon style sent trop la manique,
Si j' réfléchis comme un bavard,
J' laiss' le champ libre à vot' critique,
Criez bien fort : — A bas l' gueulard !
    A bas l' gueulard !

Auguste LOYNEL.

LA FEMME DU MUSICIEN.

Air : Ah ! ma chère, il m'a fait des traits.

Eh quoi ! tu prolonges ta veille ?
Regarde, il est plus que minuit,
A chaque instant je me réveille
Vas-tu passer encore la nuit !
Ton directeur, crois-moi, t'échaude
A te faire ainsi dépêcher,
Je te garde une place chaude :
Mon ami, viens donc te coucher.

Dieu! que ta musique est bruyante,
On se croirait au Casino,
Cesse, ami, la touche effrayante
De ton vieux bazar de piano :
Contre ce bruit en vain je lutte,
Ne vas pas, bichon, te fâcher !
J'aime mieux ta petite flûte :
    Mon ami, etc.

Laisse, allons, pour cette journée
Tes chœurs, tes airs, et cœtera,
Ensemble dans la matinée
Nous finirons cet opéra :
Je ne dis rien à l'aventure,
N'est-ce pas moi sans trop chercher
Qui te guidai dans l'ouverture :
    Mon ami, etc.

Tu ne sors pas de tes redites,
C'est toujours le même motif,
Pendant deux heures tu médites
La chute d'un récitatif ;
A l'aise sous ma courtepointe
J'avise et sans presque y toucher
De ton air je trouve la pointe :
    Mon ami, etc.

Voulant combler une lacune
Tu bats le fer tant qu'il est chaud,
Si ta verve te tient rancune,
Ton lit brûle comme un réchaud ;

C'est ta faute ou plutôt la nôtre
S'il te reste un vide à boucher,
Il vaut mieux en remplir un autre :
   Mon ami , etc.

Tu quittes ta froide inertie,
Enfin , et malgré ta longueur,
L'introduction en partie
Est mise en train avec vigueur.
Il ne te reste rien à faire ,
Ton cœur demande à s'épancher ,
Et puisque tu tiens ton affaire,
   Mon ami , etc.

Hippolyte DEMANET.

LA BALLE AU BOND.

Air . A genoux devant le soleil.

A chanter l'amitié m'invite,
Il me faut un refrain nouveau ;
Pour la satisfaire au plus vite,
Je me creuse en vain le cerveau.
Pour ne pas être monotone,
Sur mon luth , souvent pudibond ,
Le refrain que je vous entonne
Est de prendre la balle au bond.

Tout dépend de la circonstance,
Or, nous qui cherchons le plaisir

Pour embellir notre existence,
Le moyen est de le saisir.
La vie est, dit-on, un voyage
Que trop tôt la mort interrompt,
Semant des fleurs sur son passage,
Sachons prendre la balle au bond.

Maint poëte dit que la femme
Est du ciel un don précieux;
Pour moi, loin que je la diffame,
Elle est toujours belle à mes yeux;
Près de moyenne ou fine taille,
A nos vœux dès qu'elle répond,
Sur le duvet ou sur la paille,
Sachons prendre la balle au bond.

Quand Bacchus nous rassemble à table,
S'il se présente un malheureux,
Vite qu'une main charitable
Calme ses chagrins douloureux;
Loin de la tristesse importune,
Les plaisirs rendent le cœur bon.
Ah! pour soulager l'infortune,
Sachons prendre la balle au bond.

La paix règne en notre patrie,
Après de sinistres débats,
Elle féconde l'industrie;
Mais, ressuscitant les combats,

Si pour nous rapporter des chaînes
Venait l'étranger furibond,
Pour assouvir nos vieilles haines,
Sachons prendre la balle au bond.

Amis, ie temps passe si vite
Qu'il faut savoir en profiter,
Car un plaisir que l'on évite
Peut ne pas se représenter.
Chacun de nous.... je le déplore,
Demain, peut être moribond,
Mais ce soir, nous chantons encore :
Sachons prendre la balle au bond.

Louis-Charles DURAND.

LA MUSE DES CHAMPS.

Air De la Femme du prisonnier (CH. GILLE).

Oh ! ne crois pas , émule des Orphées,
Fils inconnu des neuf sœurs d'Apollon ,
Que notre ciel soit le monde des fées
Et que Paris soit le sacré vallon ;
Trop près du temple où s'envolent tes rêves,
Les oiseleurs ont tendu leurs réseaux ;
Les rossignols chantent mieux sur les grèves,
Muse des champs, reste avec les oiseaux !

Pauvre Alcyon , garde des ailes blanches
Du froid contact de nos grands archipels ,
Sous le miroir du lac où tu te penches

L'illusion a pour toi des autels ;
Rien n'a sali la robe de ton ange,
Rien n'a souillé les parfums de tes eaux ;
Au miel des dieux Paris mêle sa fange,

    Muse des champs, etc.

Que d'Apollon la sœur par toi choisie
Des fleurs d'avril parfume ton sommeil,
Chante aux amours, et que ta poésie
Ait pour foyer un rayon de soleil ;
Pour inspirer ta jeunesse inquiète
Paris sans doute aurait quelques échos,
Mais la nature est un plus grand poète,

    Muse des champs, etc.

Malheur au fou qui confie à Lutèce
L'espoir d'un nom qui fuit de jour en jour;
Lutèce, enfant, est une enchanteresse
Dont notre mort paya souvent l'amour ;
C'est le dragon qui sur des bords arides
Dispute même aux Hercules nouveaux
Les pommes d'or des jardins Hespérides.

    Muse des champs, etc,

Reste là-bas... dans l'herbe des collines,
Sous l'arbre vert, dans l'azur du ciel bleu,
Dans l'eau du fleuve aux notes sybillines,
La poésie est partout, comme Dieu !
Laisse aux cités l'athéisme suprême,

La soif de l'or, les splendides cachots,
Pour que ton luth soit l'écho de Dieu même,
Muse des Champs, reste avec les oiseaux.

Victor DRAPPIER.

LA PAUVRE ENFANT.

Air : Il était un p'tit homme.

Faut que j' vous cont' l'histoire
D' la fille à Mathurin,
    Mon parrain,
Ell' se nommait Victoire
Et vendait des chaussons
    Aux maçons.
  L' papa, gros farceur,
  Ancien corroyeur,
Avec acharnement
Aimait la pau (*ter*) vre enfant.

Or, vous saurez que l' père
Sur c' bijou, son orgueil,
    Ouvrait l'œil ;
L' neveu de la perruquière,
Gaillard qui s'occupait
    De toupet,
  Rasant Mathurin,
  Un dimanch' matin,
Au vieillard trop confiant
Enl'va la pau (*ter*) vre enfant.

Dès la première année,
Voyant son cher amant
Inconstant,
Victoire abandonnée
S'amourache à son tour
D'un tambour.
Hélas! le brutal,
Peu sentimental,
Devant l' régiment
Battait la pau (*ter*) vre enfant.

Attendri d' sa misère,
Un commis gargotier
Du quartier,
A son bonhomm' de père,
Pas plus tard que l' lend'main,
D'mande sa main.
Pour l'encourager,
Il lui fait manger
Un lapin succulent,
Avec la pau (*ter*) vre enfant.

V'là l' troupier qui s' présente
Assisté d'un bâton ;
L' marmiton
Veut défendr' son amante,
Mais l'astucieux soldat,
Dans l' combat,

Ravit à ses yeux
L' morceau l' plus précieux
D' son pantalon collant,
Avec la pau (*ter*) vre enfant.

Vrai, j' viens d'en voir un' dure,
Mais, dit l' marchand d' ragoût,
C' n'est pas l' tout :
J' veux ravoir ma future ;
Pour punir un affront,
Je suis prompt ;
Nous avons la loi,
Papa, suivez moi.
Non...., dit l' pèr' tout tremblant,
J' crains pour ma pau (*ter*) vre enfant.

L'amoureux d' la d'moiselle
Au quartier fil' tout droit,
Et la voit
Mangeant à la gamelle
Et s'humectant d' cognac
L'estomac.
Hennissant d' fureur,
Le fougueux traiteur,
Au tourlourou galant,
Arrach' la pau (*ter*) vre enfant.

J'avais perdu ma fille,
Dit l' père, et tu m' la rends ;
Tap' là d'dans.

Désormais, d' ma famille,
Tous les maux sont finis,
J' te bénis.
Embrass' moi, mon vieux,
Et quoique j' sois gueux,
J' te veux faire un présent ;
J' te donn' ma pau (*ter*) vre enfant.

Charles COLMANCE.

LA JEUNE MALADE

ET

LES HIRONDELLES.

Air du Remouleur de Festeau.
ou : Bonsoir, adieu, mes petits anges.

Je vous fais un dernier adieu,
Oiseaux qui désertez nos rives ;
L'automne à ma poitrine en feu
Fait sentir les douleurs plus vives,
La mort vient avec les autans
Me couvrir d'ombres éternelles.
Vous ne reviendrez qu'au printemps
Adieu, timides hirondelles.

Le souffle qui vous fait partir
Agite et corrompt le feuillage ;
Je le vois tomber, se flétrir,

Comme les fleurs de mon bel âge.
Là-bas de verdoyants côteaux
Attendent vos ardeurs nouvelles ;
Moi , j'attends le froid des tombeaux;
Adieu, timides hirondelles.

Enfant, m'a dit un saint vieillard ,
Vivre est un feu qui nous épure :
La cendre reste et l'âme part
Aux champs que la lumière azure.
Oiseaux, ignorez cette loi ;
S'il nous survit des étincelles ,
Je doute , ô ciel pardonnez-moi !
Adieu, timides hirondelles.

Dieu vous préserve de malheurs ;
Partez, agiles voyageuses,
Sur des bords émaillés de fleurs
Arrivez promptes et joyeuses.
Quand les zéphirs dans ces climats
Sembleront rentrer sur vos ailes ,
J'aurai péri sous les frimats.
Adieu, timides hirondelles.

Edouard Hachin.

Imp. de SOUPE, passage du Porceau, 18 et 20.